Halbritters Tier- und Pflanzenwelt

Halbritters
Tier- und Pflanzenwelt

*Ein Beitrag
zur Naturgeschichte für alle
Schichten des Volkes*

*Mit vielen Illustrationen
des Verfassers*

Goldmann Verlag

Die wissenschaftliche Klassifizierung der bereits in Vergessenheit geratenen Formen der Fauna und Flora aufgrund alter Nachschlagewerke ist Friedrich Bohne, Hannover, zu verdanken

Made in Germany · 12/86 · 1. Auflage
Taschenbuchausgabe mit freundlicher Genehmigung des Carl Hanser Verlags München Wien

Umschlaggestaltung: Design Team München
Umschlagillustration: Kurt Halbritter
Druck: Georg Appl, Wemding
Verlagsnummer: 8630
ST/Herstellung: Peter Papenbrok
ISBN 3-442-08630-2

Erster Teil Tierwelt

Deuter

demonstrator simulans

Vogelartiges Wassertier, kann aber weder fliegen noch schwimmen, daher nur in flachen Gewässern anzutreffen. Hauptgebiete: Handalusische Küste, Daumenbucht. Seinen Namen trägt der Deuter zu Recht, denn er deutet nach da, nach dort und nach hier.

Hochhändiger Lachfuß

pes ridiculus cothurnatus

Sehr schneller Laufvogel. Lebt an seichten Gewässern und schilfreichen Gebieten, wo er seine Eier geschickt versteckt, ohne sie wiederzufinden. Bricht bei der Paarung in schallendes Gelächter aus, was ihn von anderen Tieren stark unterscheidet.

Wasserdäumler
pollex aquarius
Ein Schwimmvogel mit nur mäßigen Flugeigenschaften, dessen Gewandtheit auf und unter dem Wasser allerdings beachtlich ist. Gilt als scheu, jedoch mit einer übersteigerten Neugierde ausgestattet; so fällt er oft dem Trickreichtum seiner Jäger zum Opfer.

Hahnzu

claustrum cannale

Wasservogel aus Chloranien. Ernährt sich vorzüglich von kalk- und chlorreichem Wasser. Sein Verbrauch ist enorm und führt dort, wo er in Massen auftritt, häufig zu Wasserknappheit. Befindet sich in permanenter Regeneration, daher sehr anpassungsfähig.

Beter (oder Büßer)

precator sollicitus

Wird den Fünffingersäugern zugerechnet. Äußerst wasserscheu; er ist bestrebt, dem Element, auf dem er wohl oder übel leben muß, nicht näher zu kommen als notwendig. Seine Jungen trägt er auf Händen und setzt sie erst dem Element aus, wenn sie erwachsen sind. Ein Beter, der kentert, ist zum Untergang verurteilt.

Finguin

finguis index

Flugunfähiger Wasservogel, der in aufrechter Haltung sein Schicksal trägt. Mit seinem Fingerschnabel pocht er auf sein Recht, sobald ihm ein Artgenosse dieses streitig macht. Finguine untereinander sind ausgesucht höflich. Sie begrüßen sich mit Verbeugungen und gelten als sehr gesellig. Um ihre Brut frühzeitig abzuhärten, legen sie die Eier gegen den Wind.

Langschnabeliger Ofenröhrer (auch Rohrspatz)
acrocephalus fornax
Zugvogel, Rostansetzer, ungenießbar. In der Vorzeit als Göttervogel verehrt; wurde durch Rauchopfer nach Sonnenuntergang angerufen, um Wärme im Winterhalbjahr zu spenden. Stirbt langsam aus.

Fussard
futeo furans
Gefährlicher Räuber. Lebt auf großem Fuße und im Gebirge; unsicher auf See, ist er über Land Meister im Flug; baut seine Nester selbst, doch stiehlt er die Eier, welche er dann ausbrütet, von anderen Vögeln. Frißt gern reichlich und gut.

Beißzängerling

forceps mordax

Ein kleiner, scheuer Beißer, der wütend alles angeht, was auch nur einen Zoll weit absteht. In Zanger beheimatet, wird er dort als Jungvogel eingefangen und trotz aller Verbote der Regierung von Zanger als Nutztier abgerichtet, was der einheimischen Zangenindustrie jährlich großen Schaden zufügt. Ein Beißzängerling wird bis zu 12 Jahre alt und schafft mühelos zwischen 800 und 950 Sechszöller täglich, kleinere Nägel nicht eingerechnet.

Bohrschnabeleule

ulula terebrans

Wird auch Tollbohrer genannt wegen der Wildheit, mit der sie alles anbohrt, was ihr unter den Bohrer kommt. Der Bohrschnabel einer 25 Jahre alten Bohrschnabeleule kann einen Durchmesser von 1,6 cm erreichen. Gut abgerichtet, ist sie ein sehr nützliches Tier in Haus und Garten.

·

Schraubenzieher

rostra vertiginosa

Temperamentvoller Zugvogel, der »Geier der Fachwerkhäuser«. Lebt von den Rückständen in Schraubenlöchern, die er durch geschickte Schnabeldrehungen freilegt. Seine natürlichen Feinde sind Schrauben mit Linksgewinde.

Kurzfüßiger Pfeifenraucher

fumatorium foetidum

Vogelähnliches Zugtier, in Bruyere beheimatet; lebt von getrocknetem Laub; zeichnet sich durch starke Ausdünstung aus; gilt als scheu, aber neugierig und flink; stößt bei Gefahr dicke Rauchwolken aus, in denen er sich geschickt verbirgt. Als Haustier – entsprechend eingeraucht – bereitet er seinem Besitzer Kurzweil, Freude und Genuß.

Greifenklau (Greif)

accipiter accipiter

Gefährlicher Tag- und Nachträuber; »klaut« alles, was ihm unter die Greifer kommt. Was er nicht fressen kann, läßt er fallen, gönnt es jedoch keinem anderen. Überläßt anderen Vögeln den Bau des Nestes, das er nach Fertigstellung bezieht. Seine Heimat sind die Handen. Bei uns wird der Greifenklau abgerichtet; er versieht für die feinere Gesellschaft nützliche Zubringerdienste. Darüber hinaus ist er Vorbild unseres Wappentieres.

Mauersegler

apus exstructus

Ungewöhnlich gewandter Flieger, der Burgruinen und altes Gemäuer als Aufenthaltsorte bevorzugt. Kein Fels ist ihm zu hoch, keine Burg zu alt und keine Mauerecke zu spitz. Geschickt pickt er im Flug den Mörtel und Würmer aus den Fugen. Ein meisterhaftes Beispiel der Baukunst der Natur.

Domspatz

passer cathedralis

Ein leider nur noch seltener Vogel, ein Opfer der vernachlässigten Dombaukunst in unseren Landen. Doch wo immer noch ein alter Dom gen Himmel ragt, ist er zu finden. Seine Nistplätze sind die Wasserspeier, deren Abfluß er verstopft, um seine Brut vor dem Abtreiben zu bewahren. Gegenüber dem romanischen (passer romanus) *oder dem Barockspatz* (passer perversus) *vorwiegend in nordischen Landen anzutreffen.*

Großohrige Höre
lectulula auriculata
Schwerhöriger Nachtvogel, bei Tage fast blind, aber heiter. Seine Heimat Ohranien. Lebt getrennt von Tisch und Bett auf Bäumen, seit 1792 der Kirchenbann über ihn verhängt wurde. Sein Schrei ist durchdringend, sein Ruf schlecht und sein Verhalten kauzig. Keine Bauernmagd ist vor ihm sicher, und selten bleibt sein Besuch ohne Folgen; im Volksmund daher auch Bettkauz genannt.

Lampyr

vespertilio voltarius

Leicht entzündbares Stromtierchen, lebt von 110 bis 220 Volt. Ausgesprochener Nachtstromer. Lampyre sind Stromsauger übelster Sorte, nicht ungefährlich. Die Berührung mit ihnen bei hoher Luftfeuchtigkeit kann tödlich sein. Bei Gefahr verursachen sie Kurzschluß, um in der plötzlich eintretenden Dunkelheit zu entkommen.

Glühhirnchen

testudo candens

Harmlose Lampenschirmer; bewegen sich langsam und fast lautlos. Gezähmt verbreiten sie ein angenehmes Licht über Tisch und Bett. Schon aus großen Entfernungen leicht erkennbar an ihren hellen Köpfchen. Ihre Urheimat ist das Osramische Reich, doch ihre Leuchtkraft erlangten sie erst später im Abendland.

Voltarier

dinosaurus electricus

Drehstromfresser, für 110 Volt ausgerüstet. Existiert nur noch in wenigen Exemplaren am Südzipfel von Kontakta. Steht unter Naturschutz. Zu Zeiten der Paarung ist der Körper des Voltariers illuminiert: Weibchen grün, Männchen rot. Seine Kontaktfreudigkeit kennt in dieser Zeit keine Grenzen, und das Aufglühen der Wirbelbirnen ist weithin sichtbar.

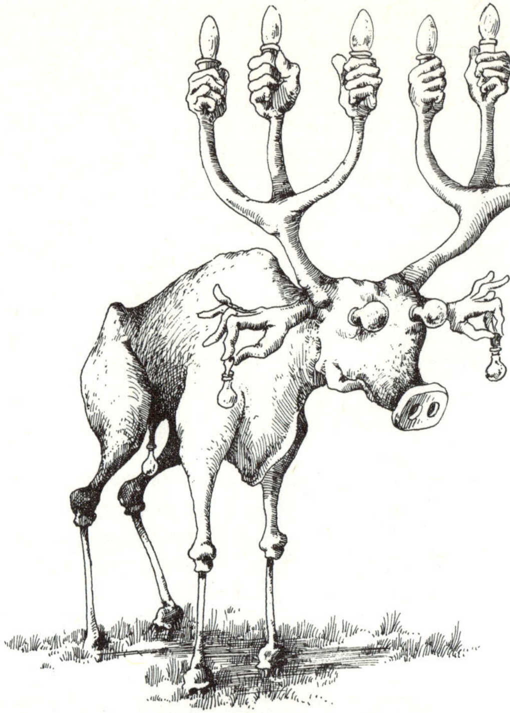

Sechsarmiger Blinkhirsch (auch Armleuchter)

cervus senibrachialis fulgens

Frißt ausschließlich Kraftstrom. Aufglühendes Gehänge in der Brunftzeit. Lebt in der westlichen Ebene des Osramischen Reiches. Auch in der Lampardei anzutreffen. Bei Links- bzw. Rechtsabweichungen gibt er stets Blinkzeichen; er schaltet ab, sobald er Gefahr wittert.

Der
Jäger

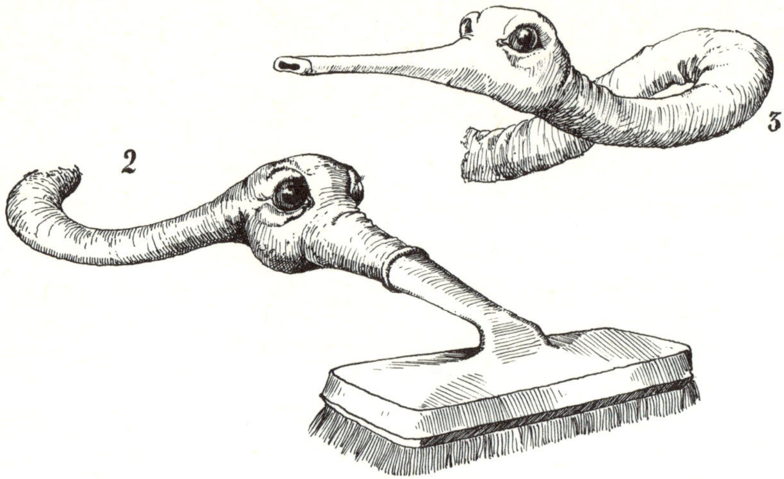

Säugling
purgator sugens vulgaris
Staubsäuger, in Kontakta beheimatet; bleibt stets auf dem Teppich. Wegen seiner Sauberkeit und Nützlichkeit in vielen Haushaltungen anzutreffen und von dort kaum noch fortzudenken. Man unterscheidet drei Arten:
Gewöhnlicher Säugling [1]
purgator sugens vulgaris
Bürstensäugling [2]
purgator sugens peniculatus
Schnabelsäugling [3]
purgator sugens rostratus

Gürtelreifer

cingulum rotans

Sehr schnell und wendig. Frißt bis zu 1200 km täglich, verliert aber mit zunehmendem Alter an Profil. Der Gürtelreifer oder auch Asphalter tritt im Rudel auf und ist der Straßenjunge unter den Tieren.

Raffgiere

camelopardalis avida

Kommt aus Raffghanistan und fühlt sich überall dort zu Hause, wo ihre Raffgier Befriedigung findet. Ausgewachsene Exemplare sollen 10 bis 12 Tonnen täglich zusammenraffen; im Jungtieralter abgerichtet, versieht die Raffgiere in ihrer Heimat Hilfsdienste bei der Müllabfuhr und ist darüber hinaus für dieses technisch rückständige Land ein unentbehrlicher Helfer beim Straßenbau.

Grafittchen (Fabertierchen)

plumbaculum faberi

Lebt auf Papier, leistet unter Anleitung Erstaunliches; ausgesprochenes Tag- und Nachttier. Verbreitet bei aufkommender Langeweile Strichmännchen und Strichlagen mannigfaltigster Art. Urheimat: Ost- und Mittelgrafica.

Finguru

halmaturus digitatus

Ein Springbeutler mit ausgeprägten Springfingern und einem massiven Stützfingerschwanz. Ein Finguru leistet sich enorme Sprünge, die nicht selten über seine Verhältnisse gehen. Der Seitensprung ist diesem Tier nicht nur bekannt, sondern wird von ihm gepflegt. Dennoch lebt das Finguru in Einehe. Bei der Partnerwahl ist die Größe des Beutels ausschlaggebend.

Fußyäne

yaenula pedester

Stammt aus den Sohlomiten. Kleiner, schneller Nachträuber. Sehr ängstlich und scheu. Lebt in unbewohnten, unzugänglichen Gegenden und wird oft Opfer seiner eigenen Verwandtschaft, zumal nach der Brunftzeit, wenn jeder sieht, wo er bleibt.

Zehner oder Schwürler
decicornua periurans
Ein scheues, gutmütiges, aber bockiges Tier, welches sein Zehner-Geweih sofort in Schwurstellung bringt, sobald Gefahr droht. Lebt in den nördlichsten Teilen von Fussijama-Land. Auch im Norden von Händorado, am Händikap, trifft man es an.

Handschaufelelch
alces exactor
Durchzieht in Rudeln das Land. Im Gegensatz zum Zehner (Schwürler) trägt er seine Handschaufeln stets offen und fordert von jedem, der seinen Weg kreuzt, den Zwanzigsten.

Beinhorn

illex iambecornuta

Mit zwei stattlichen Beinhörnern ausgestattetes, langhaariges und klettertüchtiges Horntier der Sohlomiten. Nur im strengen Winter sucht es tiefer gelegene Regionen auf; bewegt sich meist in einer Höhe zwischen 8000 und 12 000 Fuß, wo es manchen Jäger irreführt. Sein erotisches Beinhornspiel verwirrt und erregt in der Regel so, daß die Fähigkeit eines genauen Blasrohr-Schusses abhanden kommt.

Fußhornziege

capretta pedicornuta

Ein zu den Fingerhufern gehöriges, im Fussijama-Gebiet lebendes Säugetier. Sehr aggressiv und geruchsstark. Seine Fußhörner benutzt es als Waffe, die dem Gegner unter die Nase gehalten wird. Die weibliche Fußhornziege (Fußhorngeiß) trägt zwischen den Hinterbeinen eine Euterhand, mit der Artgenossen herzlich begrüßt werden.

Barfüßer

pedarius nudus peregrinatorum

Ist in den Sohleika-Sümpfen anzutreffen. Mit 16 Paar Barfüßen ausgerüstet, ist sein Auftreten bescheiden und leise. Sucht die Nähe von Menschen. Wo eine Wallfahrt stattfindet, ist der Barfüßer nicht weit. Man muß einmal das Bild gesehen haben, wenn die Frommen, müde vom Pilgern, den Heimweg auf dem Rücken dieses gutmütigen Tieres zurücklegen. Seine Nahrung besteht aus Moos und Blattwerk. Auch die Krumen und Happen der Pilger verachtet der Barfüßer nicht.

Doppelhändler
operarius duplex
Einzelhändler
operarius simplex

Der Doppelhändler ist ein enger Verwandter des Einzelhändlers. Während letzterer hauptsächlich im Fussijama-Gebiet und der Inneren Monsohlei vorkommt, ist der Doppelhändler in der Äußeren Monsohlei beheimatet. Dennoch treffen sich beide Arten recht häufig in Überschneidungsgebieten, was stets Anlaß zu ausgelassener Lustbarkeit bietet und selten ohne Folgen bleibt. Die Tiere können leicht gezähmt werden und dann als Handlanger Verwendung finden.

Großhorcher

auscultator magnus

Er erreicht im Gegensatz zu dem Klein- oder Zwerghorcher (auscultator minutus) *eine größere Höhe (10 bis 12 Fuß). Aufgrund seiner ausgeprägten Horchtrichter ist er für Geräusch aller Art empfänglich, aber auch empfindlich. In der Brunftzeit wandern ganze Herden über den Ohral in die Äußere Monsohlei. Hier treten die männlichen Tiere (Bullen) zum Kampf an. Durch Fingerhakeln mit ihren Rüsseln versucht jeder seinen Nebenbuhler zu besiegen, während die weiblichen Tiere (Muttertiere) aus gemessener Entfernung die Kämpfe aufmerksam verfolgen und jeden Sieg ihrer Leibbullen mit einer Kerbe im festgestampften Boden säuberlich vermerken.*

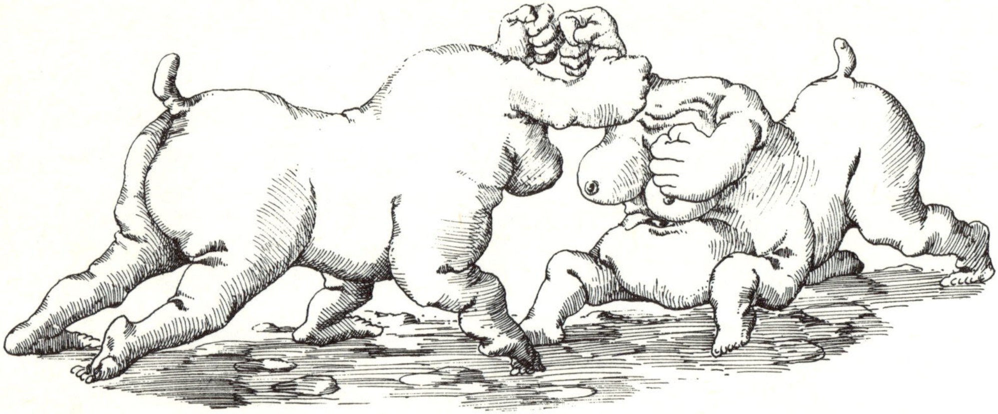

Brüstling

quadrupes mamillata

Vierfüßiges Säugetier, zu den Raubtieren gehörig, kurz und gedrungen, mit starken Beinen, fünfzehigen Füßen, vorstehenden Augen, tiefen Stirnfalten und herabhängenden Ohren, die sich beim Angriff zu kräftigen Kampfwerkzeugen aufrichten. Mit feinem Geruch und Gefühl, aber schwachem Gehirn. Der König der Büste.

Doppelhörniger Knöchling
osseus cornutus
In Rheumatien beheimatet, bewegt er sich knirschend über die Knochenfelder der Beinbrüche von Vertebra, stets auf der Suche nach Knochenmark, das seine Hauptnahrung bildet. Das Weibchen legt zwei Knochen im Jahr auf die hohe Kante.

Wirbelripper
turbo intervertebralis
Lebt ausschließlich in der Bandscheibenwüste von Rheumatien. In der Tockenzeit schlurft er müde durch knöcheltiefen Sand, von einer besseren Zukunft träumend. Ein Geschöpf der Natur, das kaum mit dem Notwendigsten ausgestattet zu sein scheint. Warum und wovon der Wirbelripper lebt, ist bis dato unerforscht geblieben. Ein weites Feld für den Biologen.

Nasenhase

lepus nasutus

Entfernter Verwandter des Fingurus (s. Seite 41), nur kleiner, ängstlicher und anders. Lebt in Nasau und riecht das Jagdhorn, bevor er es hört; ein gar drollig Tier, das man nur schießen sollte, wenn man es trifft. Gezähmt ersetzt es weder Hund noch Katze.

Schnuffelnaus

nus olfactans

Verwandt mit der Kirchen- und Hausnaus. Im Gegensatz zu diesen frißt sie alles, was ihr vor die Schnuffel kommt, vom Popkorn bis zum Tintenfisch in Dosen. Mit einem überentwickelten Riechorgan (Schnuffel) ausgestattet, ist sie manch einem um eine Nasenlänge voraus. Ihr Schnuffelgeräusch ist besonders in der Nacht weithin hörbar und geht sensiblen Menschen nicht selten auf die Nerven. – Schnuffelnäuse weinen nicht.

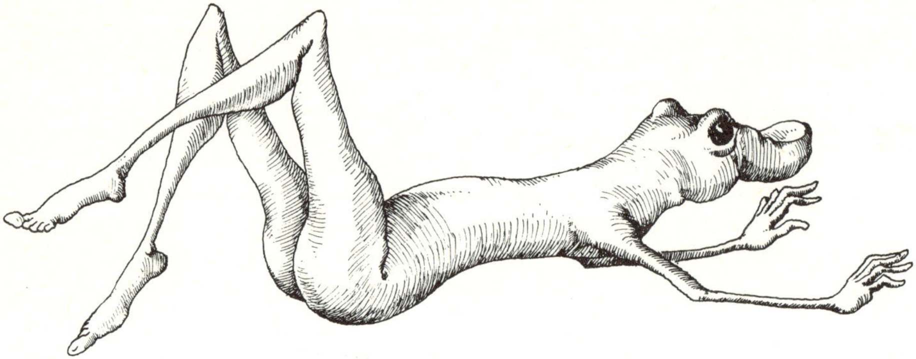

Rückspringe

gibber resaliens

Zur Springschreckengruppe gehörig, mit kräftigen Sprungbeinen ausgerüstet, kann ein Sprung von hier nach dort 14 Fuß, 3 Zoll betragen. Eine reife Leistung für ein Tier, das nur 4 Zoll mißt und knapp eine Unze auf die Waage bringt.

Große Spanne

palma dodrantalis

Im Aussterben begriffen. Nur noch wenige Exemplare in den südlichen Teilen von Handalusia in der Umgebung von Handong überliefert. Wegen ihrer sprunghaften Fortbewegung, bedingt durch ihre Kurzsichtigkeit, auch Große Springe genannt. Bemerkenswert: Eine Kleine Spanne oder Springe ist nicht bekannt.

Wühlfinger-Schnuffel
pollex sollicitans
Wühlt und schnuffelt in fremden Löchern, gutartig, aber gefräßig; gilt allgemein als ein munterer Gesell, was man von manch anderem Tier nicht sagen kann. In Daumazien ist er das Lieblingsspielzeug von Damen der Gesellschaft.

Fingerer

digitulus fraudolentus

Heimat im Mittelbereich von Handalusia. Erfreut sich bester Gesundheit, wird bis zu 70 Jahre alt und vermehrt sich durch fuscheln, daher auch Fuscheltierchen genannt. Frißt mit Vorliebe kleine Pfadfinder.

Zuhälter

manus timida

Nur noch wenige Exemplare in Handalusia anzutreffen. Äußerst schüchtern und gehemmt, Einzelgänger; findet kaum noch Paarungspartner. Zoologen sind sich darüber einig, daß in wenigen Jahren kaum ein Mensch mehr einen Zuhälter kennt.

Schlappschwanziger Hodenpimmler
penicillum flaccum
Äußerst scheu; nur wenige Exemplare sind noch in den Hochtälern des Pimalaja-Gebirges nachweisbar. Trotz intensiver wissenschaftlicher Bemühungen ist es bisher nicht gelungen, das Geheimnis der Fortpflanzung des Schlappschwanzigen Hodenpimmlers zu ergründen. Klein von Wuchs, erhebt er sich im gereizten Zustande als Abschreckung für seine Feinde zu ansehnlicher Größe, freilich nur kurze Zeit.

Dickwanstiger Vorhäuter
praeputium impeditum
Ungewöhnlich schwerfälliges Säugetier von niederer Intelligenz, das sich auf vier kräftigen, aber kurzen Beinen fortbewegt und sich vor Gefahr schützt, indem es den kleinen Kopf in seine Faltenhaut einzieht. Erreicht in gestrecktem Zustande eine Länge bis zu 13 Zoll, aber selten sein Ziel. Reagiert weder auf Zuspruch noch Lockruf; lebt in den Urwäldern am Fuße des Pimalaja-Gebirges und steht unter Naturschutz.

Flußzitze

papilla sypho

In den Mündungsarmen des Busento bei St. Sectus beheimatet; fängt sich seine Nahrung mit Hilfe eines scharfen Wasserstrahls, der, mit einem betäubenden Sekret vermischt, Krawatten- und Fingerkuppenfliegen (s. Seite 72f.), die Hauptnahrung der Flußzitze, trifft. In den Gärten von St. Sectus werden Flußzitzen als insektenvernichtende Springbrunnen gezeigt. Damit schlagen die Sectusser zwei Fliegenarten mit einer Zitze.

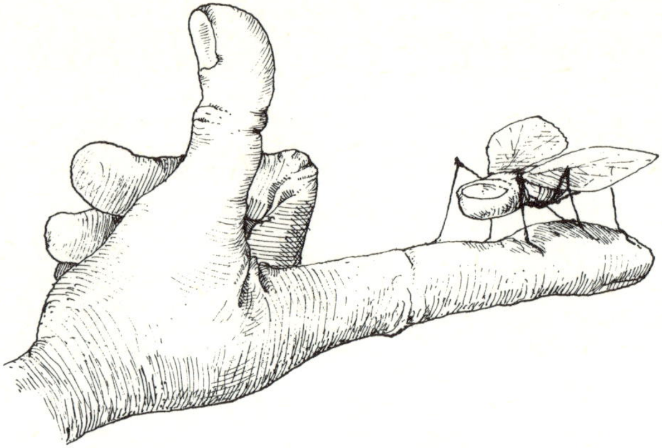

Krawattenfliege
musca focalita
Fingerkuppenfliege
musca unguiculata

Beide Arten sind aufgrund ihrer natürlichen Beschaffenheit in der Lage, sich fliegend fortzubewegen; lautstarke Lustbrummer; sind überaus lästig und eine Plage für Mensch und Tier. Aufgrund dieser Eigenschaft haben sie kaum Freunde und sterben daher einsam, werden gefressen, vergiftet oder erschlagen.

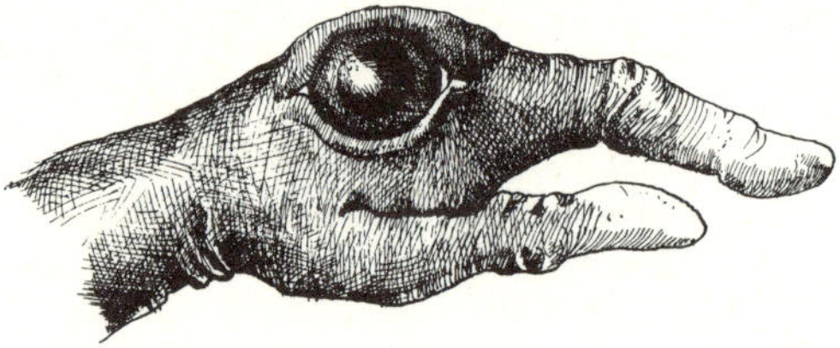

Plattfüßler (Fußechse)

planta odorata

In den Sümpfen von Sohleica beheimatet; seine Schwerfälligkeit hat die Verbreitung in anderen Teilen der Welt verhindert. Bei Annäherung unangenehmer Freunde, Verwandter oder gar Feinde, verbreitet er einen abweisenden Geruch.

Fußpferd

nasopes benignus

Ein zu den Vielzehern gehöriges, in den Sohleica-Sümpfen lebendes Säugetier. Etwa 11 Fuß lang, 5 Fuß hoch, mit plumpem Leib, dicker Speckfaltenhaut, großer vorgeschobener Fußnase und gutmütigem Blick. Gilt als friedfertig und stinkt still vor sich hin. Mit der fußförmigen Schwanzbildung betritt es sein Hinterteil, um sich selbst zur Fortbewegung anzuhalten. Fußpferddung findet im getrockneten Zustand als Isoliermaterial für Sozialbauten Verwendung.

Fingelnatter

natrix unguiculata

Die Fingelnatter beißt nicht, sondern spuckt. Auch sonst handelt es sich hier um ein Tier von äußerst flegelhafter Verhaltensweise, dem zarte Gemüter besser nicht begegnen.

Fusseltierchen

peniculum saetigerum

Sind als Sauberkeitsfanatiker berüchtigt und stürzen sich mit Vehemenz auf jedes Fussel- und Staubteilchen, dessen sie habhaft werden können. Überall dort zu finden, wo die Zivilisation einen Anzug bereithält. Ein Lieblingstier aller tüchtigen Hausfrauen. Man unterscheidet zwischen dem Oberborstigen (peniculum saetigerum dorsale) *und dem Unterborstigen Fusseltierchen* (peniculum saetigerum abdominale). *Ihr Äußeres ist von der Natur oft verschwenderisch ausgestattet.*

Stiefelschnecke

cochlea caligulata

Schafft in frischbesohltem Zustand 24 Fuß in der Stunde. In der Äußeren wie auch Inneren Mohnsohlei anzutreffen, verbringt sie die meiste Zeit stehenden Fußes. Stiefelschnecken gibt es in braun und schwarz.

Schleichglotze (oder Nachtauge)

oculus cochleatus

Nachtschleicher, wird bis zu 3 Zoll lang. Verbringt den Tag in ihrem Gehäuse und schließt das Auge, um es zur späten Abendstunde wieder zu öffnen. Einmal an Dunkelheit gewöhnt, entgeht ihr nichts. Schreckt ihre Feinde durch einen scharfen, vernichtenden Blick.

Wassermaus
musculus aquatilis
Bildet die einzige Nahrung der Meerkatze und ist daher sehr nützlich.

Meerkatze
felis inutilis
Lebt in den Tiefen und Untiefen des Miez-Sees und läßt dort, ähnlich unserer Hauskatze, das Mausen nicht. Die Meerkatze ist laut Prof. Dr. Feles das Produkt einer »Kreuzung zwischen mehr Katzen als notwendig« gewesen wären, doch bleibt diese Behauptung nach wie vor umstritten.

Schraubenhai

pristis cochleata vulgaris

Mit einer Schraubenschnauze ausgerüstet; sehr räuberisch; kommt nur in Schwärmen vor. Blitzartig zustoßend, bohrt er sich mit schnellen Rechtsdrehungen in sein Opfer. Seine bösartige Angriffslust ist bekannt und weithin gefürchtet. Schreckt er doch nicht davor zurück, sich in kleinere Fischerboote zu schrauben, sie umzustoßen und mit allen Mannen in die schaurige Tiefe zu ziehen.

Fingerkopfkrake

octobrachium cupidissimum

Ein furchterregendes Ungeheuer, das sich mit seinen acht Armen auch über der Wasseroberfläche als äußerst zudringlich erweist. Sucht seine Opfer vornehmlich unter den Mitgliedern der christlichen Seefahrt. Die Erforschung des Liebeslebens der Fingerkopfkrake scheiterte bisher an der Unmöglichkeit, lebende Exemplare an Land zu bringen.

EMEISE

Seekännchen (auch Doppeltes Zottchen)
hippocampus bisitulatus
Ein harmloses und gar possierliches Meerestier, das bei Zottpott die Küstengewässer bevölkert. Sehr zahm und zutraulich. Ein nützlich Tier, wenn in rechten Händen. Sprichwort: Ein Zottpotter ohne Seekännchen ist keiner.

Pobrillentänzer

saltator clunium perspicillatus

So genannt wegen seiner drollig-zierlichen und tänzelnden Bewegungen bei Annäherungsversuchen gleichgeschlechtlicher Partner. Bewegt sich in tieferen Regionen des Potanischen Meeres und stets in der Nähe der Krabbelfingerrose (actinia titillans), *deren Ausscheidung kleiner Duftbläschen unter anderem seine Nahrung bildet. Sein schlimmster Feind ist der Schraubenhai (s. Seite 84f.).*

Seemännchen
masculus marinus
Gehört zur Gattung der Schraubentiere. Am Schwanzende zur Fortbewegung mit einer Dreiblattschraube bedacht, schießt es mit großer Geschwindigkeit durch die Gewässer. Wo eine Busenqualle, ist ein Seemännchen nicht weit.

Busenqualle
medusa mammata
Im Wasser frei schwimmendes Tier mit Busenbeuteln, die zur Fortbewegung dienen. Die Aufnahme von Nahrung erfolgt durch einen kleinen Mund unterhalb des gekräuselten Fühlrandes. Die Busenbeutel sondern bei Berührung eine Flüssigkeit ab, die vom Seemännchen und Pobrillentänzer besonders geschätzt wird (s. Seite 90f.).

POTANISCHES MEER
HAARHEIM-BORSTEN
SIBÜRSTIEN
HOHER 170 FLACHKOPF
MEER v. OHRIENT
FUSSEL BUCHT
OZON
ST. SECTUS
ZAHN-STEIN-GEB.
RIECHENLAND
FISTULA
STAUBANIEN
POTANIEN
KAMM-SEE
PORNEO
KIEFER GEB.
SUM SUM SUM
OHRIENT
OHRAL
ZOTTPOT
PIMMALEIA
BRYERE
PFANNEN-SAVANNE
GR. MALZ 2510
HOPF
OHRLEAN
OHRANIEN
OHRAN
SANTA DOTTERIA
SEXAS
GERSTINGEN
POTENZIA
HODEN WALD
GOTTERHALTS
MIEZSEE
NASAU
AUGURIEN
BUSENTO
SCHÖNSCHAU
PILS
BLICKFELDEN
EUTERN
BLICKFELDER HEIDE
SCHIRMSEE
WARZA
TITTANIEN
LIEBFAUTAL
SLIP
BRUSTKERN
BRUSTWÄLDER HEIDE
FRAUBURG
NABOLI
PARAPLUINEA
PAPILLA
BREASTTOWN
STOCK
HUTSON-BAI
NABOLITANISCHS MEER
CHAPEAU
HUTSON
SANTA KNAUF

Zweiter Teil Pflanzenwelt

Guckmorchel (auch Schlafauge)

morchella oculata

Hohlstrunkgewächs; inmitten des Hutes ist ein Auge ausgebildet, welches sich bei Sonnenaufgang öffnet und bei einbrechender Dämmerung schließt. Man findet die Guckmorchel im Wald und auf der Heide von Blickfelden, ebenso im Gebiet von Schönschau. Ihr Blick ist klar, auch an trüben Tagen.

Barthütler

paxillus rupicapratus

In manchen Gegenden auch Hirndecker genannt. Hauptverbreitung im Hutsongebiet. Nicht giftig, aber zäh. Auch nach einer Kauzeit von mehreren Stunden bleibt ein bitterer Geschmack zurück.

Braupilz

boletus spumatus

Einer der bekanntesten und beliebtesten Pilze überhaupt. Weltweit verbreitet; seine Herkunft liegt im Dunkeln; jüngere Forschungen vermuten seine Urheimat in der Nähe von Gotterhalts bei Gerstingen.

Teufelsschwamm

sarcodon diabolicus caudatus

Hinterhältiges Gewächs, welches schon manch harmlosen Wanderer böse Überraschungen bereitet hat. Ein seltener, aber namensgerechter Pilz. Unter Baumwurzeln versteckt, fängt er die Opfer mit seinem Teufelsschwanz ein. Scheut auch vor Rechts- oder Linksradikalen nicht zurück und lehrt selbst Theologen das Fürchten.

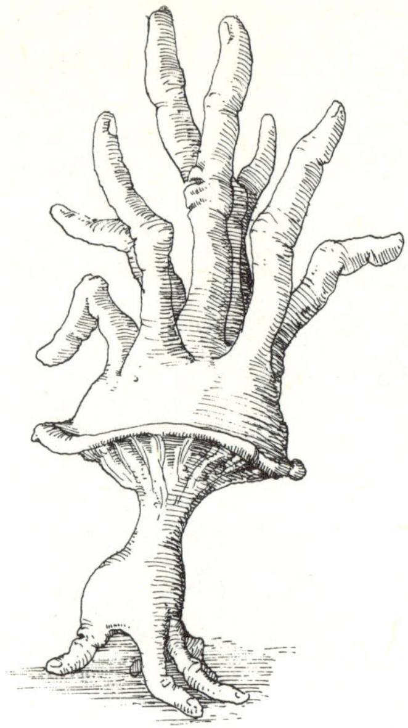

Spielfingerpilz

boletus iocosus

Rasch wachsender Sprödblättler; naher Verwandter des Echten Reizkers. In den Niederungen von Slip beheimatet, hat er schon häufig pilzsammelnde Slipperinnen überrascht, doch ebenso erfreut. Dem männlichen Geschlecht gegenüber zeigt er sich anders.

Plüschmorchel

paxillus holosericus

Eineinhalb Fuß hoch, zwei Fuß im Durchmesser; bietet ermatteten Naturfreunden und -freundinnen ausreichend Platz zur Ruhe und Entspannung von der Anstrengung in freier Natur. In seiner Heimat, der Brustwälder Heide, im Liedgut der bäuerlichen Bevölkerung vielfach gerühmt und besungen. Vgl. u. a. die auch heute noch bekannte »Plüschmorchelpolka«.

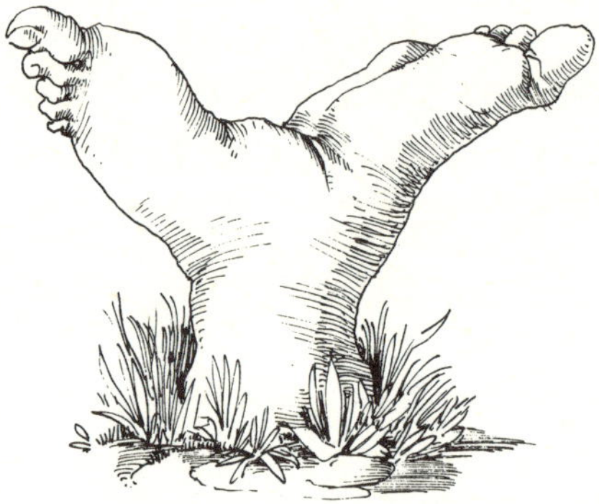

Fußpilz

boletus noli me titillare

In den Tiefebenen um Sohlensk beheimatet. Genießbar, aber empfindlich gegen unsachgemäße Berührung. Bricht bei falscher Behandlung unter Lachkrämpfen zusammen.

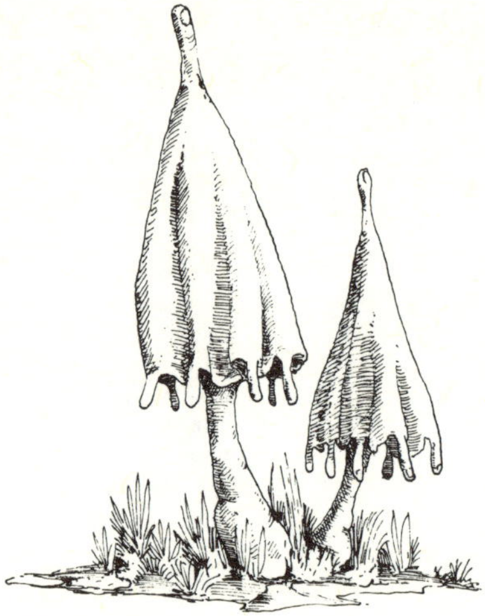

Großer Schirmling

refugium boletum

Seine Heimat ist Parapluinea. Wenn auch ungenießbar, bietet er aufgrund seiner Größe und Beschaffenheit dem Wanderer Schutz vor schlechter Witterung. Er öffnet sein Dach in der Regenzeit und schließt es bei Einzug der Schönwetterperiode.

Steinpilz
boletus inedulis

Dieser bekanntlich älteste Pilz ist in vielerlei Gestalt und Form über die ganze Welt verbreitet. Bei den Ägyptern, Griechen und Römern als heilig verehrt, ist der Versuch, ihn eßbar zu züchten, bis heute mißlungen. Man unterscheidet Stein- und Kunststeinpilz, letzterer wird auch »Falscher Steinpilz« genannt. Der Plastiksteinpilz wird von echten Sammlern ebenso verabscheut wie der Kunstharz- und der viel weichere Gummisteinpilz. Die echten Steinpilze sind:

Germanischer Steinpilz [1]
boletus inedulis germanicus

Ägyptischer Steinpilz [2]
boletus inedulis aegyptius

Archaischer Steinpilz [3]
boletus inedulis archaicus

Gotischer Steinpilz [4]
boletus inedulis goticus

Barocksteinpilz [5]
boletus inedulis perversus

Nierensteinpilz [6]
boletus inedulis calculus

Bauhaussteinpilz [7]
boletus inedulis academicus

Sattelsteinpilz [8]
boletus inedulis stragulatus

2
3
1

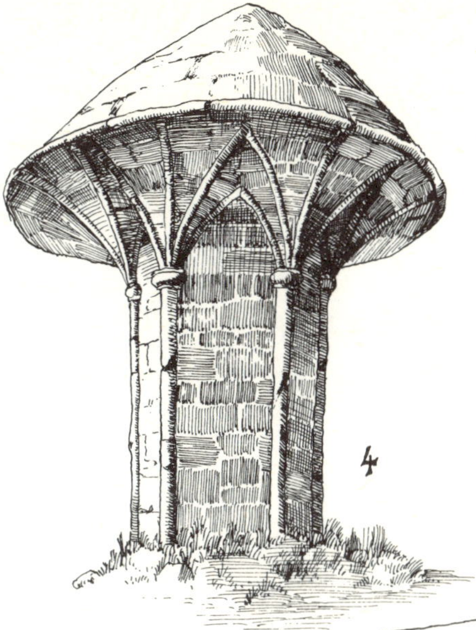

4

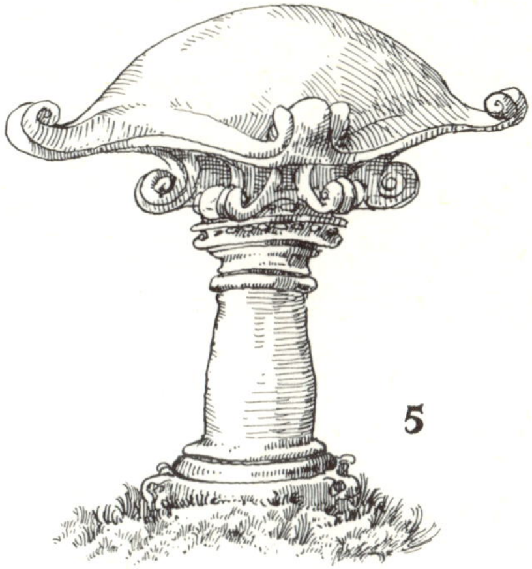

5

6

7

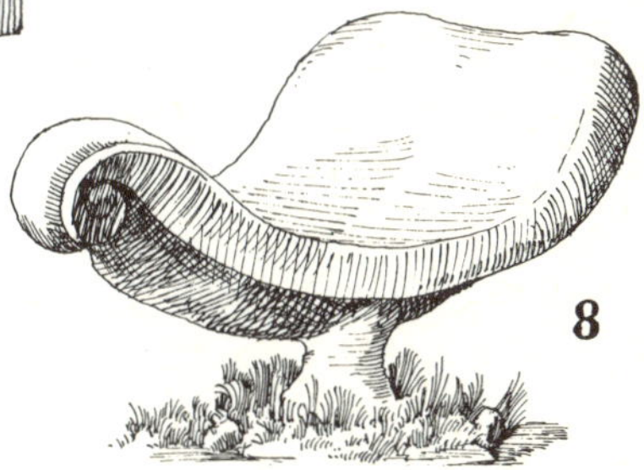

8

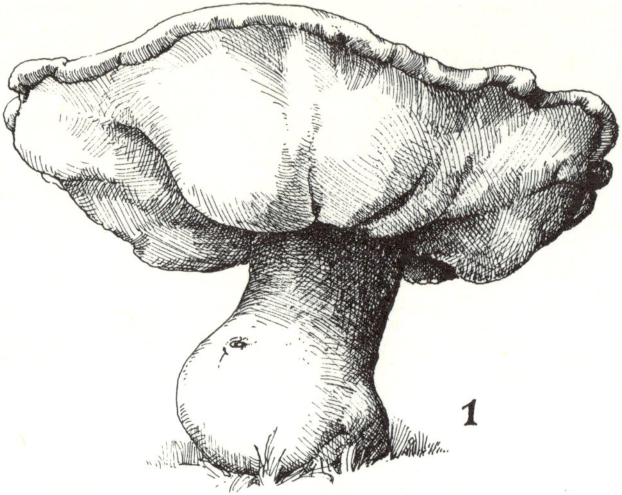

1

Nabelschwamm
boletus umbelicatus

Hauptsächlich südlich von Naboli vorkommend, findet man ihn vereinzelt auch an den sonnigen Hängen von Liebfrautal; siedelt häufig in Flaumfederlandschaften. Sein weiches Fleisch ist wohlschmeckend, doch nicht immer leicht verträglich. Dennoch gilt er jedem Nabolitaner als Delikatesse. Man unterscheidet drei Arten:

Weiblicher Nabelschwamm [1]
boletus umbelicatus femineus

Männlicher Nabelschwamm [2]
boletus umbelicatus masculus

Nackter Nabelschwamm [3]
boletus umbelicatus nudus

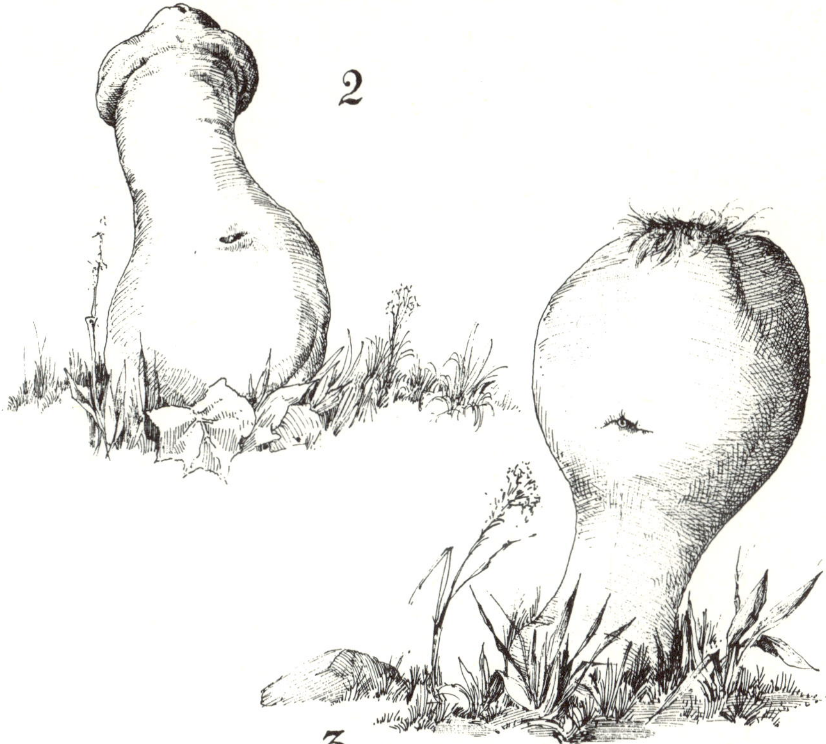

2

3

Eierschwammerl

ovum speculativum

Seine Heimat ist in der glutheißen Pfannensavanne von Santa Dotteria. Es wächst aus den ungebrüteten Eiern des Pilzhuhns und reift binnen weniger Minuten in der sengenden Mittagssonne zwischen 12 und 12.22 Uhr.

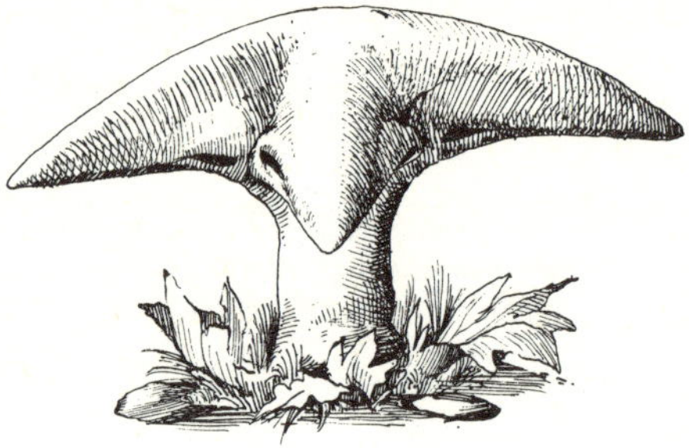

Großer Riechkolbenpilz (Schnarchling)

boletus nasutus communis

Vorwiegend in Riechenland und Staubanien vorkommend. Nicht zu verwechseln mit dem Nordischen Riechkolbenpilz (Duftzinken) (boletus nasutus septentrionalis), *der strenger in Form und Aroma in der Gegend von Ozon beheimatet ist. Zur Schnupfenzeit äußerst giftig; in der Vollreife von vorzüglichem Geschmack; wird häufig als Willkommensbissen dargereicht. Gastfreundschaft war schon immer eine ausgeprägte Tugend der Staubanier und Riechen.*

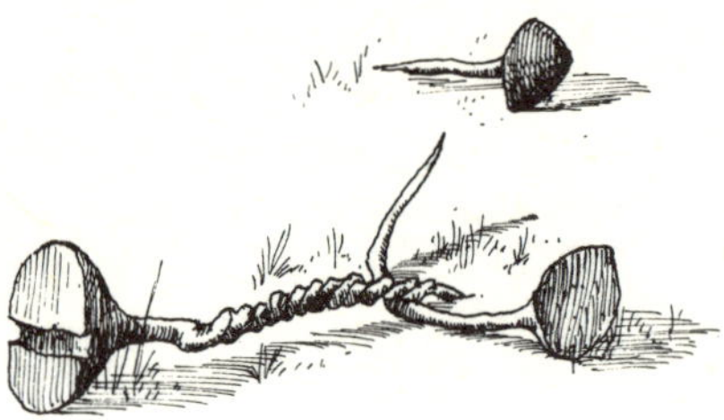

Schräubler [1]
nematoloma cochleatum
Nagelschwamm [2]
nematoloma clavissimum

Beide Pilzarten sind aus industriellen Züchtungen hervorgegangen und ungenießbar. Unvorsichtige Handhabung führt zu Verletzungen. Man findet sie meist in verrostetem Zustand, ein Zeichen dafür, daß es sich um keine natürlichen Gewächse handelt.

1
2

Fliegenpilz

amanita muscata

Beheimatet in den Weiten von Sum-Sum. Wahrscheinlich ungenießbar, da nie ohne Fliegen und nach Entfernung derselben kein Pilz mehr.

Lustmorchel (auch Liebfrauenschwammerl)

morchella mamillata

Ein wunderbar schmackhafter Pilz, dessen Genuß bei Anfälligen sexuelle Erregungszustände hervorruft. Kenner lieben ihn als Vorspeise; wird mit untergezogenem Eiweißschnee auch als Dessert gereicht.

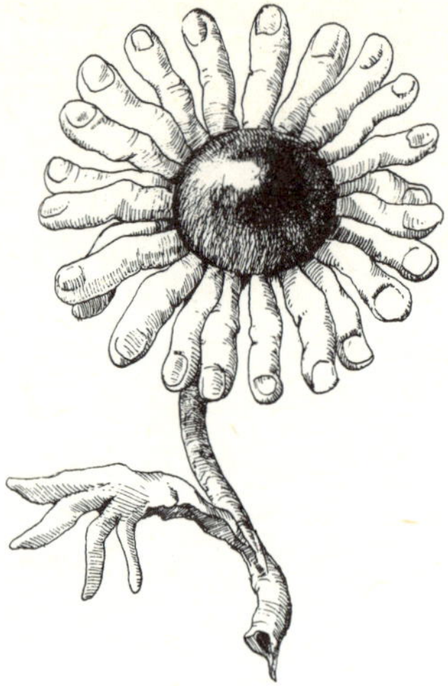

Fingerauge

margerita lacrimata

Wird bis zu 9 Fuß hoch. Inmitten eines fingerähnlichen Blätterkranzes schaut ihr Auge treu in den meist blauen Himmel. Ein wohltuender Anblick für jeden, der ein Auge dafür hat. Aus ihrem Blütenkern wird jenes berühmte Tränenöl gewonnen, das jeder Schnulze, in abgewogener Dosierung beigemischt, ihren zarten Schmelz verleiht.

Beißer (auch Hackerlschwamm)

paxillus mordax

Im prothesischen Zahnsteingebirge zu Hause; ist ungenießbar, ja gefährlich. Beißt jedes Lebewesen, das ihm zwischen die Zähne kommt, einschließlich Nonnen und Andersgläubige. Seine größte Beißzeit liegt zwischen dem 19. August und dem 22. September. Fordert jährlich zahlreiche Opfer.

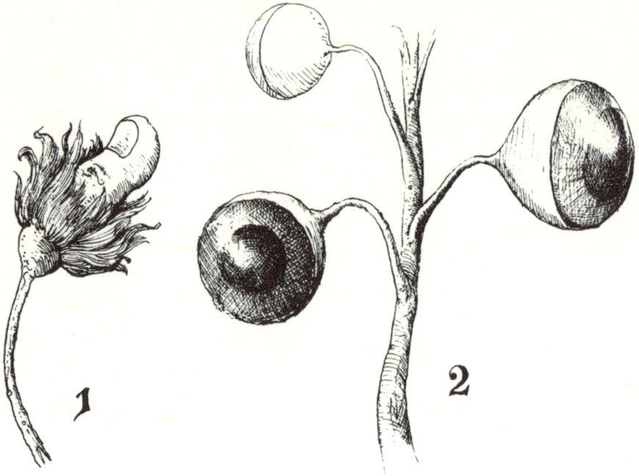

Gemeines Daumenkraut [1]

herba pollica vulgaris

Mehrhalmige Grasart mit aufrecht stehender Daumenblüte von zart rosa Farbe. Die Penetranz ihrer Ausdünstung läßt selbst Fußhornziegen (s. Seite 48f.) die Nase rümpfen, obwohl ihre Blütenblätter einen vorzüglichen Tee ergeben. Der bittere Daumenkrauttee verhindert Schwermut und Hornhautbildung.

Augapfelstielchen (auch Fleißiges Guckerl) [2]

erica pupillata tacita

Äußerst seltenes Liliengewächs; schaut mit seinen munteren Augäpfelchen neugierig über die Blickfelder Heide, wo es sein kurzes Dasein fristet. Was immer es sieht, behält es still für sich; blüht nur einen Tag, dann schließt es für immer die Augen.

Huf- oder Klauenblatt

folium ungulatum

Mehrstengelige Pflanze mit Hufwurzel. An den behaarten Stengelenden bilden sich klauenähnliche Hornblüten. Beliebt als Material für Schnitzarbeiten mannigfaltigster Art.

Wiesenhufnagel

clavus pratensis

Hartgrasart, bis 12 Zoll hoch. Auf einem eisenharten Stiel bildet sich ein ebenso eisenharter, kantiger Kopf, der einem scharf zuschlagenden Hammer wohl standhält. Ausgereift, löst sich der Wiesenhufnagel leicht von seiner Wurzel. An seinem unteren Ende entwickelt sich rasch eine scharfe Spitze, die jene eines echten Nagels bei weitem übertrifft; eignet sich daher für nämliche Zwecke. Begehrter Exportartikel.

Kußmaul

osculum fructuarium

Nach der Blütenform wie auch nach seinem Verhalten benannt. Frühblühendes Zwiebelgewächs mit Neigung zum Austausch von Zärtlichkeiten. Eine Tatsache, die in jüngster Zeit durch den Biologen Dr. K. Lug belegt werden konnte, dessen Tochter, Klärchen Lug, diesem Schauspiel beiwohnen durfte, worauf sie nach 9 Monaten einer gesunden Kußmaul-Zwiebel genaß. Nicht immer sind es die Bienen.

Tausendfingerkraut

myriodigitus inutilis

Ein Gewächs aus zahllosen fingerähnlichen Gebilden, die sich gegenseitig umschlingen, erdrücken und dann abfallen. Ein gefundenes Fressen für Greifenklauer (s. Seite 22f.), die bekanntlich alles an sich nehmen, was nicht niet- und nagelfest ist. Der Wanderer aber, der dieser Pflanze begegnet, bewundert sie, schüttelt den Kopf und zieht seines Weges.

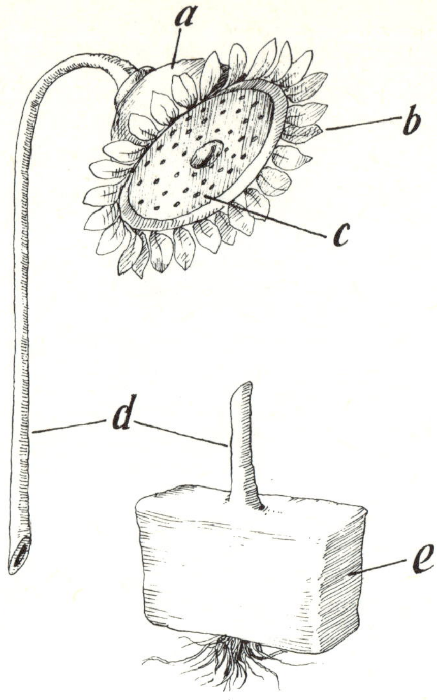

Sonnenbrause
helianthus aestuans

Ihre Heimat ist die Ebene von Duschan. Der Kopf (a) der Sonnenbrause wird von einem Blätterkranz (b) umgeben und mit einem Brausblatt (c) verschlossen. Ihr Stiel (d), Länge bis zu 8 Fuß, führt zur Kanisterwurzel (e), in deren Hohlraum sie Wasser speichert. Bei Berührung steigt das Wasser in den Kopf, von wo aus es in feinem Strahl durch das Brausblatt austritt. Für Mensch und Tier von Duschan fürwahr ein Segen, besonders in der sehr trockenen Jahreszeit.

Perückenkraut
herba capillamentalis
Ein haarförmiges Leichkrautgewächs von palmersgrüner Farbe, woraus nach der Methode von Prof. Dr. Härling ein Gewebe gewirkt werden kann, das, über die Ohren gezogen, ausreichend Schutz gegen die Unbill der kalten Jahreszeit bietet.

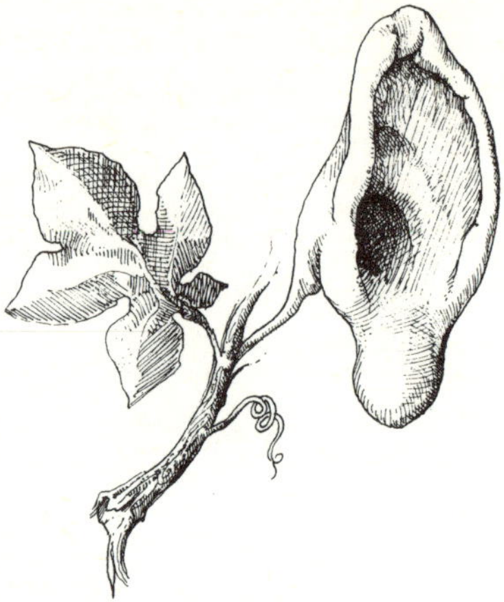

Ohrleanderstock

vinca auriculata

Wächst und gedeiht vorzüglich an den sonnig gelegenen Hängen von Ohrlean in Ohranien. Der Stock bringt eine süße, fleischige Frucht hervor, die in den Monaten September und Oktober zur vollen Reife gelangt. Aus den sonnengereiften Früchten wird der köstliche Ohrangensaft gewonnen, der für die Zubereitung der spritzig-süffigen Ohrenschmalzler unerläßlich ist. Ein stark berauschendes Getränk; viel besungen, am nachhaltigsten von den bekannten Ohranischen Ohrenschmeichlern.

Milch- auch Euterbusch
frutex lactans
Mit handförmigem Blattwerk belaubt, bringt er eine euterähnliche Frucht hervor (jeweils 8 bis 12 Stück), deren Inneres eine fette Milch enthält. Im Geschmack vorzüglich, aber gering im Ertrag, ersetzte dieser Busch in Eutern jahrhundertelang die Milchkuh, bis zu deren Entdeckung.

Zuckerbein

crus dulcissimum

Eine tropische Grasgattung. Gibt als formenreiche Nutzpflanze seit alter Zeit Beinzucker, der im Saft des inneren Gewebes hochprozentig enthalten ist. Zuckerbein kommt ausschließlich im Fussijama-Gebiet zur vollen Reife. Die Pflanzen werden dicht über dem Boden mit einem scharfen Rauhbein abgehauen, gebündelt und sofort verarbeitet. Durch Kitzeln der Zuckerbeinsohle wenige Wochen vor der Ernte erreichen die Zuckerbeinbauern einen Anstieg des Zuckergehaltes von 20 bis 25 Prozent.

Riesenzeiger (auch Teufelsfingerkaktus)
cereus insidiosus erectus
In seiner Heimat, der Handschurei, ist es nicht ratsam, sich ihm zu nähern. Geduldig erwartet er sein Opfer, meist unkundige, einsame Strandläufer und Wüstenbummler, die sich in diese trostlose Gegend verirrt haben und in seinem Schatten ruhen wollen. Wehe den Unglücklichen! Den Opfern gehört unser bleibendes Gedächtnis.

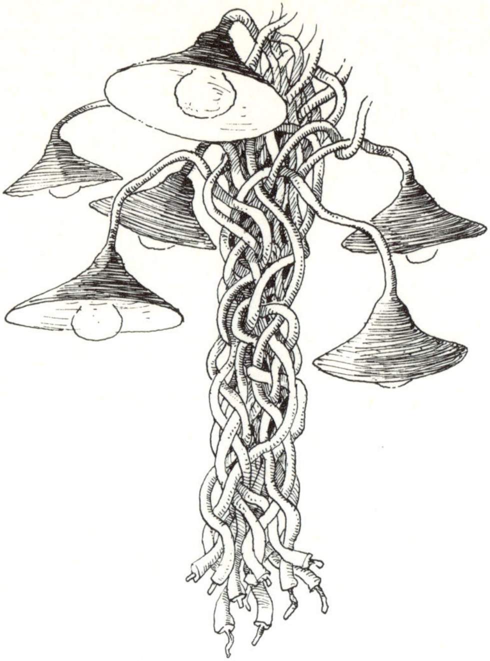

Drahtwurzelbaum
arbor lucifera filiata
In Strippen in Transformatien beheimatet. Ähnlich wie der Birnenbaum (s. Seite 156 f.) verbreiten seine Früchte Licht. Während der Regenzeit versinkt der Drahtwurzelbaum in völliges Dunkel, da die Feuchtigkeit einen permanenten Kurzschluß verursacht, der erst nach längeren Dürreperioden ein Ende findet.

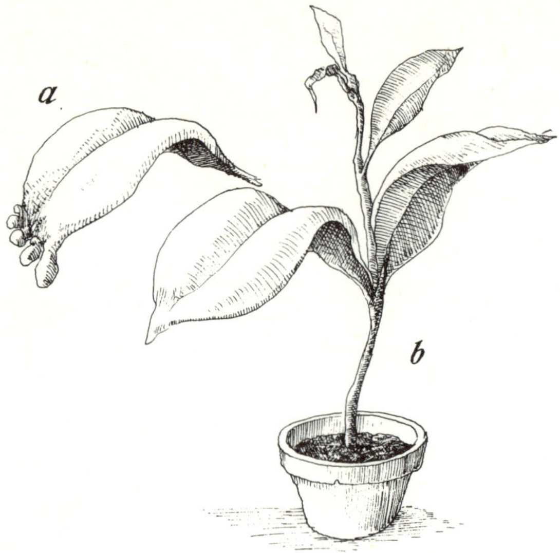

Plattfußpalme

palma plantata

Ist die Mutter unserer allerdings viel kleineren Fußplattpalme, die in vielen Wohnzimmerecken ihr verstaubtes Dasein fristet und fälschlicherweise häufig als »Gummibaum« bezeichnet wird. Der Grund mag in der Veränderung der Blattform zu suchen sein, deren Zehen-Blätter gänzlich verkümmerten.

Fingerpappel
populus digitata
Erreicht eine Höhe von 18 Fuß und sonst nichts. Der Baum besteht aus einer rechten bzw. linken Stammhand, aus der die fingerähnlichen Blattstrünke hervorkommen. Fingerpappeln waren die Lieblingsbäume der handalusischen Kleinkönige, die sich die eigenhändige Anlage und Pflege ganzer Alleen angelegen sein ließen.

Busenfruchtbaum

pyrus mamillata

Bis zu 12 Fuß hoher Baum mit glatter Rinde. Die eingeschlechtigen, rosa Blüten sitzen in kugeligen Köpfchen. Die brustförmigen Früchte erreichen einen Durchmesser von 7 Zoll, sind vollsaftig, wohlschmeckend und fleischfarben; werden gerne als Hautschmeichler und Amulett verwendet. Der Tanz unter dem Busenfruchtbaum hat seit alters symbolische Bedeutung und Kraft. Wer beim Tanz von einer herabfallenden Busenfrucht getroffen wird, denkt daran ewig.

Zur
Waldesbrust

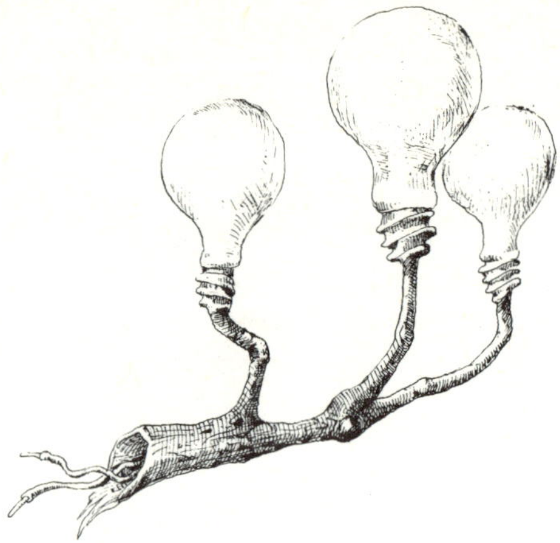

Birnenbaum

candelabrum piratum

110 Volt Drehstrom; Heimat Osramisches Reich und Dynamonesien. Die doldenartigen Fruchtstände verbreiten bei einbrechender Dunkelheit ein angenehmes Licht. Der Birnenbaum bildet oft den Mittelpunkt menschlicher Niederlassungen, wo er durch seine erhellenden Momente wohltuend zum gesellschaftlichen Leben beiträgt.

Knieeiche

quercus servilis

Zur Holzpflanzengattung gehörig, ist die Knieeiche ein knorriger, stark borkiger Baum mit ausgeprägtem Knie in Stammesmitte. Ein im Aussterben befindlicher Repräsentant der Feudalzeit; daher die Benennung »Herrschafts- oder Untertanen-Baum«.

Register

Tierwelt

Pflanzenwelt